Vorwort

Kürbis ist wirklich ein tolles Gemüse, welches nicht nur schön anzuschauen ist. Es gibt über 120 Gattungen und ca. 800 Arten. Die gängigsten Sorten sind Hokkaido, Butternut, Muskatkürbis, Carnival und auch der Spaghettikürbis.

Am häufigsten landet aber der leuchtend orange Hokkaidokürbis auf dem Tisch, der mit Schale zubereitet werden kann. Da man ihn zur Herbstzeit in jedem Supermarkt findet, haben auch wir ihn für die Rezepte sehr oft verwendet.

In den folgenden Rezepten können Sie den Hokkaido aber gerne gegen eine andere Kürbissorte tauschen. Dabei bitte stets beachten: Butternut und andere Kürbisse müssen vorher geschält werden.

Viel Spaß mit den Rezepten wünscht

Kennen Sie diese Kürbisse schon?

Spaghettikürbis

Der Kürbis trägt diesen Namen, da sich nach dem Garen das Fruchtfleisch in spaghettiähnliche Fäden zupfen lässt.
Man kann ihn dämpfen, kochen oder backen.

Chicago Hubbard Warted

Das Fruchtfleisch ist geeignet für Chutney, Kuchen, Auflauf u.v.m. Ein sehr vielfältiger Kürbis mit festem, orangefarbenem Fruchtfleisch.

Kamo Kamo

Das Fruchtfleisch schmeckt gut in Suppen, Kuchen, Püree und Konfitüren.

Baby Boo

Die Mini-Kürbisse sind gerade einmal 10 cm groß, haben ein feines Nuss-Maroni-Aroma und sind geeignet zum Füllen, Frittieren oder Backen.

Carnival

Das Fruchtfleisch hat ein leicht süßliches, nussiges Aroma. Gut geeignet zum Füllen.

Rezeptübersicht

3 Gläser à 250 ml

Grundrezept

Kürbispüree

Zutaten

1 Hokkaidokürbis
1.300 - 1.500 g
= ca. 700 - 800 g Püree

Alternativ können Sie den Kürbis würfeln und im Varoma mit 500 g Wasser ca. 20 Min. dampfgaren. Im Anschluss pürieren.

Zubereitung im Ofen

Kürbis halbieren und Kerne entfernen. Mit der Schnittfläche nach unten auf ein mit Backpapier belegtes Backblech legen. Bei 170 °C Umluft ca. 1 Std. garen. Etwas abkühlen lassen und Schale abziehen. Fruchtfleisch in den Mixtopf geben und **10 Sek. /Stufe 7** pürieren. Ggf. mit dem Spatel nach unten schieben und erneut **10 Sek./Stufe 7** pürieren. In heiß ausgespülte Schraubgläser füllen oder einfrieren.

Haltbarkeit in Gläsern: 2-3 Monate

Gewürz

Pumpkin Spice

Zutaten

2 EL	Zimt
1 EL	Ingwer, gem.
2 TL	Muskat, gem.
½ TL	Nelke, gem.
½ TL	Piment, gem.

Zubereitung

Alle Zutaten gut vermengen und in ein Schraubglas füllen.

Das Gewürz kommt in vielen Rezepten zum Einsatz.

Kühl und dunkel gelagert, hält es monatelang.
Als perfekte Größe eignet sich ein 100 ml Schraubglas.

Kürbis-Dessert mit Zimtquark

Zutaten

½	kl. Hokkaidokürbis
750 g	Quark, 20% (Halbfettstufe)
75 g	Milch, 1,5%
1 TL	Zimt
3 EL	Ahornsirup
1 EL	Zitronensaft
1 EL	brauner Zucker

Zur Verzierung:
kleine Zimtcerealien (z.B. CINI MINIS), Haferkekse oder Mandelsplitter

Kekse bitte erst vor dem Servieren darüber bröseln, sonst werden sie weich.

Zubereitung

Den Kürbis halbieren, die Kerne entfernen und mit der Schnittfläche nach unten auf ein mit Backpapier belegtes Backblech legen. Im Backofen bei 170°C Umluft ca. 30-40 Min. garen, bis der Kürbis weich ist.

In der Zwischenzeit Quark, Milch, Zimt und Ahornsirup im Mixtopf **20 Sek./Stufe 4.5** cremig rühren und anschließend auf 6 Gläser aufteilen. Mixtopf spülen.

Kürbisfruchtfleisch (220-250 g) in den Mixtopf geben und **5 Sek./Stufe 7** zerkleinern. Alles mit dem Spatel nach unten schieben und Gareinsatz einsetzen. Kürbis mit eingesetztem Gareinsatz **30 Sek./Stufe 5** pürieren. Gareinsatz entfernen. *
Zitronensaft und Zucker zum Kürbispüree geben und **10 Sek./Stufe 3** verrühren. Püree auf die Gläser verteilen und 1-2 Std. kaltstellen.

Kann 1-2 Tage im Kühlschrank aufbewahrt werden.

*Wer den Pumpkin Spice Sirup zubereiten möchte, kann vom Püree gleich 1 EL beiseitenehmen!

Pro Glas (ohne Verzierung): 214 kcal | 23 g KH | 18 g EW | 7 g Fett

Man benötigt:
Kürbispüree

Pumpkin Spice LATTE

Dosierung:
Für einen Latte macchiato benötigt man 2 TL Sirup.

Nährwerte Sirup pro Kaffee:
39 kcal | 9 g KH | 0.1 g EW | 0.2 g Fett

Pumpkin Spice Sirup

Zutaten

370 g	Ahornsirup
1	Vanilleschote
1	Muskatnuss
5	Gewürznelken
3-4	Zimtstangen
45 g	gezuckerte Kondensmilch
1 EL	Kürbispüree

weitere Gewürze:
je 1 Msp. Nelkenpulver, Ingwerpulver, Muskat (gem.), Zimt (gem.)

Haltbarkeit:

ca. 2-3 Monate

Zubereitung

Ahornsirup in den Mixtopf geben. Mark der Vanilleschote auskratzen und Mark sowie Schale zugeben. Musaktnuss halbieren und mit den Gewürznelken und Zimtstangen mit in den Mixtopf geben. Das Ganze **30 Min./90°C/Sanftrührstufe** erhitzen. Danach Zimtstangen, Vanilleschote, Muskatnuss und Nelken entfernen.

Kürbispüree, Kondensmilch und die weiteren Gewürze zugeben und **6 Min./100°C/Stufe 3** erhitzen. Durch ein feines Sieb in eine heiß ausgespülte Flasche füllen. Kühl und dunkel lagern. Am Besten im Kühlschrank.

Gesamt: 1177 kcal | 274 g KH | 4 g EW | 6 g Fett

12 Stück

Saftige Kürbismuffins

Zutaten

230-250 g Kürbisfruchtfleisch, nach Wahl
150 g weiche Butter
150 g brauner Zucker
2 Eier
1 Prise Salz
1 TL Vanillepaste
1 TL Zimt
½ TL Muskat, gem.
¼ TL Ingwerpulver
¼ TL Piment, gem.
125 g Mehl
1 TL Backpulver
1 TL Natron

Zubehör:
Muffinblech
und Papierförmchen

Zubereitung

Backofen auf 180 °C Ober-/Unterhitze vorheizen. Ein Muffinblech mit Papierförmchen auslegen.

Kürbisfruchtfleisch in den Mixtopf geben und **5 Sek./Stufe 5** zerkleinern. Umfüllen.

Butter, Zucker, Eier, Salz, Vanillepaste und Gewürze zugeben und **1 Min./Stufe 4** cremig rühren. Kürbis zugeben und **5 Sek./Stufe 4** mixen.

Mehl, Backpulver und Natron zugeben und **6 Sek./Stufe 4** unterrühren. Teig in die Förmchen füllen und im vorgeheizten Backofen ca. 25 Min. backen. Entweder mit Puderzucker bestäuben oder mit Kuvertüre überziehen.

Pro Stück: 206 kcal | 23 g KH | 3 g EW | 12 g Fett

Tipp:

Wer möchte, kann die Muffins auch mit farbigen Cake Melts überziehen.

Pumpkin Pie

Pro Stück: 357 kcal | 41 g KH | 6 g EW | 18 g Fett

12 Stücke

Zutaten

Für den Teig:

200 g	Mehl
1 TL	Backpulver
100 g	kalte Butter, in Stücken
1	Eigelb
1 Prise	Salz
75 g	brauner Zucker
20 g	Zitronensaft

Für den Belag:

600 g	Kürbispüree
175 g	Zucker
1 TL	Pumpkin Spice Gewürz*
3	Eier
200 g	Doppelrahmfrischkäse

Für das Topping:

200 g	Sahne, steif geschlagen
etwas	Zimt, gem.

alterntaiv:

1 TL	*Zimt*
¼ TL	*Ingwer, gem.*
1 Msp.	*Nelken, gem.*

Zubereitung

Alle Teigzutaten in den Mixtopf geben und **30 Sek./Stufe 4** vermengen. Teigstücke auf die Arbeitsplatte kippen und von Hand zu einer Kugel kneten. In Frischhaltefolie einwickeln und 1 Std. in den Kühlschrank stellen.

Teig auf der bemehlten Arbeitsfläche etwas größer als die Form (Springform oder Pieform Ø 26 cm) ausrollen. Form fetten und mit Teig auslegen. Einen 3 cm hohen Rand hochziehen. Backofen auf 180 °C Ober-/Unterhitze vorheizen.

Alle Zutaten für den Belag in den Mixtopf geben und **15 Sek./Stufe 5** mixen. In die Form gießen und im vorgeheizten Backofen 1 Std. backen. Vollständig abkühlen lassen und mit geschlagener Sahne und Zimt servieren.

Zubehör:
Springform o.
Pieform Ø 26 cm

Kürbissorte:
Longue de Nice
oder Butternut

12 Stücke

Zutaten

7	Eier (M)
1 Prise	Salz
200 g	Zucker
1 TL	Pumpkin Spice Gewürz
50 g	Apfel
150 g	Kürbisfruchtfleisch
120 g	Haselnüsse, gem.
120 g	Mandeln, gem.
50 g	Mehl
50 g	Paniermehl
1 TL	Natron
1 TL	Backpulver

Außerdem: 1 EL weiche Butter zum Fetten der Form, etwas gem. Haselnüsse o. Mandeln zum Ausstreuen

Zubehör:
Springform Ø 26 cm

Zubereitung

Eier trennen. Eiweiße mit 1 Prise Salz in den Mixtopf geben. Rühraufsatz einsetzen und **ca. 2 Min./Stufe 4** zu Eischnee schlagen. In eine große Schüssel umfüllen und Rühraufsatz entfernen. Eigelbe mit Zucker und Pumpkin Spice Gewürz **3 Min./Stufe 4** cremig schlagen. Zum Eischnee geben. Mixtopf spülen und trocknen.

Haselnüsse, Mandeln, Mehl, Paniermehl, Natron und Backpulver in den Mixtopf geben und **3 Sek./Stufe 5** mischen. Zum Eischnee/Eigelb umfüllen.

Apfel und Kürbisfruchtfleisch in Stücken in den Mixtopf geben und **5 Sek./Stufe 5** zerkleinern. Ebenfalls in die Schüssel geben und mit einem Löffel alles vorsichtig verrühren, bis eine gleichmäßige Masse entstanden ist.

Eine Springform mit Butter fetten, mit gem. Nüssen ausstreuen. Teig einfüllen und im vorgeheizten Backofen ca. 50 Min. backen. Vollständig abkühlen lassen und nach Belieben verzieren.

Pro Stück: 295 kcal | 29 g KH | 8 g EW | 16 g Fett

Herbstlicher Kürbiskuchen

Longue de Nice

Dieser Kürbis hat eine keulenähnliche Form und kann bis zu 1 m lang und bis zu 8 kg schwer werden. Er hat wenig Kerne und ein oranges Fruchtfleisch. Er kann problemlos mit Butternut Kürbis ausgetauscht werden.

Pumpkin Rolls

Pro Stück: 394 kcal | 62 g KH | 7 g EW | 13 g Fett

15 Stück

Zutaten

Für den Teig:

200 g Kürbisfruchtfleisch, nach Wahl
25 g Zucker
100 g Wasser

250 g Milch
½ Würfel frische Hefe
2 Eier
120 g Zucker
70 g Butter
2 Prisen Salz
1 TL Kardamom, gem.
750 g Mehl

Zum Bestreichen:

100 g flüssige Butter, ca. 3-4 EL Zucker, etwas Pumpkin Spice Gewürz

Für den Guss:

100 g Frischkäse
125 g Puderzucker
25 g Pumpkin Spice Sirup (altern. 20 g Milch mit etwas Zimt)

Zubereitung

Kürbisfruchtfleisch in Stücken in den Mixtopf geben und **5 Sek./Stufe 7** zerkleinern. Zucker und Wasser zugeben und **10 Min./100°C/Sanftrührstufe** garen. Umfüllen und abkühlen lassen.

Milch, Hefe, Eier, Zucker, Butter, Salz und Kardamom in den Mixtopf geben und **3 Min./37°C/Stufe 1** erwärmen. Mehl und Kürbisbrei zugeben und **2 Min./Teigstufe** kneten. Teig in eine Schüssel umfüllen und abgedeckt ca. 45-60 Min. gehen lassen.

Backofen auf 180°C Umluft vorheizen. Den Teig auf eine gut bemehlte Arbeitsfläche geben und von Hand zu einem Rechteck drücken bzw. ziehen. Immer wieder wenden und reichlich Mehl zugeben. Teig ist sehr weich! Das Teigrechteck mit flüssiger Butter bestreichen, dick mit Zucker und Pumpkin Spice Gewürz bestreuen. Mit einem Pizzaroller oder scharfem Messer Streifen abschneiden und diese zu Schnecken aufrollen. Nebeneinander auf ein mit Backpapier belegtes Backblech setzen. Im vorgeheizten Backofen ca. 25 Min. backen. Abkühlen lassen.

Zutaten für den Guss verrühren und über die Rollen geben.

8 Port.

Kürbis-Aufstrich

Zutaten

150 g	Kürbisfruchtfleisch
1	gelbe Peperoni
1	kl. rote Zwiebel
1	Knoblauchzehe
25 g	Butter
½ TL	Paprikapulver, rosenscharf
½ TL	Currypulver
½ TL	Salz
1 TL	Honig
½ TL	Chiliflocken
200 g	Doppelrahmfrischkäse

Zubereitung

Kürbis, Peperoni, Zwiebel und Knoblauch im Mixtopf **5 Sek./Stufe 6** zerkleinern. Mit dem Spatel nach unten schieben. Butter zugeben und **5 Min./100°C/Stufe 1** dünsten. Mixtopfdeckel abnehmen und das Ganze ca. 15 Min. abkühlen lassen. Restliche Zutaten zugeben und **20 Sek./Stufe 3** mixen. Umfüllen und für 2-3 Std. in den Kühlschrank stellen.

Tipp: Dazu passt sehr gut Walnussbaguette.

2 Gläser
à 250 ml

Kürbis-Ketchup

Zutaten

400 g	Muskatkürbis
150 g	Zwiebeln
1 St.	Ingwer (10 g)
1	Knoblauchzehe
250 g	Tomaten
50 g	Wasser
50 g	Apfelessig
50 g	Zucker
1 TL	Salz
1 TL	Currypulver
½ TL	Chiliflocken

Zubereitung

Kürbisfruchtfleisch und Zwiebeln in Stücken in den Mixtopf geben. Ingwer und Knoblauch zugeben und **5 Sek./Stufe 6** zerkleinern. Tomaten in Würfel schneiden und zusammen mit den restlichen Zutaten zugeben und **40 Min./100°C/Stufe 1** kochen. Nach der Garzeit das Ketchup **30 Sek./Stufe 8** pürieren. Sofort in heiß ausgespülte Schraubgläser füllen, gut verschließen und auf dem Deckel stehend abkühlen lassen.

Haltbarkeit:

Hält sich kühl und dunkel gelagert ca. 4-5 Monate. Nach dem Öffnen im Kühlschrank lagern und immer mit einem sauberen Löffel entnehmen.

Pro EL: 12 kcal | 3 g KH | <1 g EW | <1 g Fett

Kürbissorte:
Butternut

Tipp:
Passt gut zu gebratenem Fleisch oder zu Käse!

4 Gläser
à 200 ml

Mit Ingwer!

Kürbis-Chutney

Zutaten

1 Stk.	Ingwer (haselnussgroß)
2	Schalotten, halbiert
1	kl. Apfel
500 g	Kürbisfruchtfleisch (Butternut)
150 g	Zucker
130 g	Apfelessig
100 g	Orangensaft
½ TL	Currypulver
¼ TL	Muskat, gem.
1 TL	Salz
etwas	Cayennepfeffer
2 Msp.	Zimt

Haltbarkeit:
Mehrere Monate

Zubereitung

Ingwer in den Mixtopf geben und **5 Sek./Stufe 7** zerkleinern. Apfel vierteln, entkernen, zusammen mit den Schalotten zugeben und **5 Sek./Stufe 5** zerkleinern.

Kürbisfruchtfleisch klein würfeln und zusammen mit den restlichen Zutaten in den Mixtopf zugeben. Das Ganze nun **30 Min./100°C/Sanftrührstufe** kochen. Dabei den Messbecher nicht in das Deckelloch einsetzen. Ggf. Spritzschutz einsetzen oder Gareinsatz auf das Deckelloch stellen.

Das Chutney noch heiß in saubere, ausgekochte Gläser füllen. Gut verschließen und auskühlen lassen.

Pro Glas: 245 kcal | 54 g KH | 2 g EW | <1 g Fett

Kürbissorte:
Hokkaido

4 Portionen

Zutaten

1	rote Zwiebel, halbiert
1 kl. Stück Ingwer (5 g)	
½	rote Chilischote, entkernt
1 EL	Olivenöl
650 g	Hokkaidokürbis
2	Kartoffeln (225 g)
¼ TL	Pfeffer, gem.
1 TL	Salz
1 TL	Currypulver
400 g	Wasser, lauwarm
1 ½ EL	Gemüsebrühpulver
1 Dose	Kokosmilch, cremig (400 g)
etwas	Kürbiskernöl
etwas	Kürbiskerne

Zubereitung

Zwiebel, Ingwer und Chilischote im Mixtopf **5 Sek./Stufe 5** zerkleinern. Mit dem Spatel nach unten schieben. Öl zugeben und **2 Min./120°C/Stufe 1** dünsten. Kürbis in Stücke schneiden. Kartoffeln schälen und ebenso in Stücke schneiden.

Kürbis, Kartoffeln und Gewürze zugeben und **6 Sek./Stufe 6** zerkleinern. Alles mit dem Spatel nach unten schieben. Wasser und Gemüsebrühpulver hinzugießen und das Ganze **20 Min./100°C/Stufe 1** kochen.

Kokosmilch zugeben und die Suppe **30 Sek./Stufe 8** pürieren.

Ggf. noch mal mit Salz und Gemüsebrühpulver abschmecken. Mit Kürbiskernöl und Kürbiskernen garniert servieren.

Pro Portion: 379 kcal | 35 g KH | 7 g EW | 23 g Fett

Kürbissuppe
mit Ingwer
& Kokosmilch

Kürbissorte:
Hokkaido

Feurige Kürbissuppe

Tipp:

Wer möchte, kann noch Chiliflocken darüber streuen. Die Kokosmilch kann auch durch Kochsahne ersetzt werden.

Pro Portion: 288 kcal | 18 g KH | 19 g EW | 15 g Fett

Zutaten

400 g	Hähnchen-geschnetzeltes
1	rote Paprika
2 EL	Sojasoße
1	rote Zwiebel
1	Knoblauchzehe
1	rote Peperoni, entkernt
1 EL	Öl
500 g	Kürbis
100 g	Kartoffeln
850 g	Wasser
1 Dose	Kokosmilch, cremig (400 g)
2 TL	Gemüsebrühpulver
1 TL	rote Thaicurrypaste
½ TL	Salz
¼ TL	Pfeffer
1 TL	Ingwer, gem.
½ TL	Kurkuma, gem

Zubereitung

Geschnetzeltes und Sojasoße in eine Schüssel geben und vermengen. Paprika in kleine Würfel schneiden. Beiseitestellen.

Zwiebel, Knoblauch und Peperoni im Mixtopf **5 Sek./Stufe 5** zerkleinern. Mit dem Spatel nach unten schieben. Öl zugeben und **2 Min./120°C/Stufe 1** dünsten. Kürbis in Stücke schneiden. Kartoffeln schälen und ebenso in Stücke schneiden. Kürbis und Kartoffeln zugeben und **6 Sek./Stufe 6** zerkleinern. Alles mit dem Spatel nach unten schieben. Wasser, Kokosmilch, Gemüsebrühpulver, Thaicurrypaste und Gewürze hinzugeben und **3 Sek./Stufe 3** mischen.

Fleisch und Paprika in den Varoma geben, Varoma aufsetzen und alle zusammen **22 Min./Varoma/Stufe 1** garen. Varoma abnehmen und beiseite stellen. Messbecher einsetzen und die Suppe **30 Sek./Stufe 8** pürieren. Noch mal mit Salz und ggf. Gemüsebrühpulver abschmecken. Fleisch und Paprika zur Suppe geben und **8 Min./98°C/Stufe 0.5** garen.

Man benötigt:
Kürbispüree

16 Scheiben

Saftiges Kürbisbrot

Zutaten

500 g	Wasser, lauwarm
15 g	frische Hefe
1 EL	Salz
70 g	Weiche Butter
20 g	Honig
240 g	Kürbispüree
550 g	Weizenmehl, Type 405
100 g	Dinkelvollkornmehl
4 EL	kernige Haferflocken

Zubehör:
Kastenform 30 cm

Zubereitung

Wasser, Hefe, Salz, Butter und Honig in den Mixtopf geben, **10 Sek./Stufe 5** mixen und **2 Min./37°C/Stufe 2** erwärmen. Kürbispüree, Mehle und 2 EL Haferflocken zugeben und **10 Sek./Stufe 5** verrühren. Danach noch **1 Min./Teigstufe** kneten.

Eine Kastenform mit Backpapier auslegen und 2 EL Haferflocken auf den Boden der Form streuen. Teig einfüllen, glatt streichen und restliche Haferflocken darüber streuen. 30-40 Min. ruhen lassen.

Form auf den Gitterrost in den kalten Ofen stellen und Ofen auf 180 °C Ober-/Unterhitze einstellen. Brot 80 Min. backen. Danach aus der Form stürzen und auf einem Gitter abkühlen lassen.

Pro Scheibe: 202 kcal | 33 g KH | 5 g EW | 5 g Fett

mit Haferflocken

Tipp:

Wer möchte, kann noch Sonnenblumen- oder Kürbiskerne mit in den Teig einrühren.

4 Portionen

Kürbis-Pesto

Zutaten

1	Knoblauchzehe
40 g	Parmesan, in Stücken
35 g	Haselnusskerne o. Walnusskerne
200 g	Kürbisfruchtfleisch (Hokkaido o. Butternut)
etwas	Salz & Pfeffer
100 g	Öl (Walnuss o. Sonnenblumen)

Zubereitung

Knoblauch, Parmesan und Nüsse im Mixtopf **5 Sek./Stufe 8** zerkleinern. Kürbis in Stücken zugeben und ebenso **5 Sek./Stufe 8** zerkleinern. Mit dem Spatel nach unten schieben. Etwas Salz und Pfeffer sowie Öl zugeben und **10 Sek./Stufe 3** vermengen.

Pro Portion: 329 kcal | 7 g KH | 6 g EW | 31 g Fett

1 Glas 500 ml

Kürbis-Birnen-Marmelade

Zutaten

250 g	Kürbisfruchtfleisch nach Wahl
2	Birnen (200 g)
1	Pflaume (100 g)
50 g	Apfel- o. Birnensaft
1	Vanilleschote
130 g	Gelierzucker 3:1

Zubereitung

Kürbis, Birnen und Pflaume im Mixtopf **7 Sek./Stufe 6** zerkleinern.
Saft und Mark der Vanilleschote zugeben und das Ganze **10 Min./100°C/Stufe 2** kochen. Im Anschluss **20 Sek./Stufe 8** pürieren.
Gelierzucker zugeben und noch mal **5 Min./100°C/Stufe 3** kochen.
Die Marmelade in heiß ausgespülte Gläser füllen und umgedreht abkühlen lassen.

Pro EL: 17 kcal | 4 g KH | <1 g EW | <1 g Fett

Kürbissorte:
Muskatkürbis

Herbstlicher Gemüseauflauf

Pro Portion: 316 kcal | 16 g KH | 14 g EW | 20 g Fett

4 Portionen

Zutaten

1 kg	Gemüse (Rosenkohl, Muskatkürbis, Petersilienwurzel, Knollensellerie, Karotten, Fenchel)
1	rote Zwiebel
etwas	rote Bete
180 g	Fetakäse

Für die Soße:

1	Knoblauchzehe
40 g	Öl
80 g	Wasser
50 g	Kochsahne
1 TL	Salz
¼ TL	Pfeffer
1 TL	Paprikapulver, edelsüß
1 TL	Thymian, getr.
½ TL	Currypulver
¼ TL	Muskat, gem.
1 TL	Zwiebelgranulat
1 TL	Knoblauchgranulat

Zubereitung

Backofen auf 170° C Umluft vorheizen. Gemüse putzen und je nach Gemüseart entweder in Würfel oder Scheiben klein schneiden. Zwiebel grob würfeln und mit dem Gemüse in eine große Schüssel geben.

Für die Soße Knoblauch **5 Sek./Stufe 5** zerkleinern. Mit dem Spatel nach unten schieben und Öl zugeben. **1 Min./Varoma/Stufe 1** dünsten. Restliche Zutaten für die Soße zugeben und **2 Min./100°C/Stufe 1** erhitzen.

Soße zum geschnittenen Gemüse geben und alles gut vermengen. Fetakäse von Hand zerbröseln und ebenso untermischen. Gemüse in eine Auflaufform füllen und mit rote Betescheiben belegen. Im vorgeheizten Backofen ca. 50 Min. garen. Nach 20 Min. und dann noch mal nach 40 Min. bitte 1x durchmischen.

Hinweis:

Je "härter" das Gemüse ist, umso kleiner sollte es geschnitten werden. Karotten und Petersilienwurzel z.B. in dünne Scheiben schneiden.

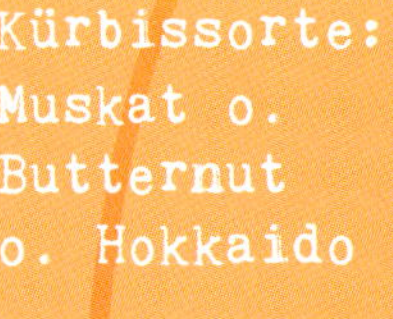

4 Port.

Kürbis-Bolognese

Zutaten

1 Knoblauchzehe
1 rote Zwiebel
je 30 g Lauch, Knollensellerie, Karotten, Petersilienwurzel*
4 EL Öl
400 g gemischtes Hackfleisch
etwas Salz und Pfeffer
150 g Kürbisfruchtfleisch, klein gewürfelt
30 g Rotwein, trocken
1 Dose stückige Tomaten (400 g)
1 TL Gemüsebrühpulver
1 gestr. TL Salz
½ TL Pfeffer
½ TL Muskat, gem.
1 gestr. TL Zimt
2 TL ital. Kräuter, getr.
50 g Tomatenmark

(Am besten 1 Bund Suppengrün kaufen.)

Zubereitung

Knoblauch, Zwiebel und Gemüse **5 Sek./Stufe 5** zerkleinern. Mit dem Spatel nach unten schieben. 2 EL Öl zugeben und **5 Min./Varoma/Stufe 1** dünsten. Umfüllen. 2 EL Öl in den Mixtopf geben und **1 Min./Varoma/Stufe 1** erhitzen. Hackfleisch in Stücken zugeben. Mit etwas Salz und Pfeffer würzen und **4 Min./Varoma/↺/Stufe 0.5** garen. Nach der Hälfte der Zeit Deckel öffnen und kurz mit dem Spatel alles durchrühren. Nun die restlichen Zutaten (außer Tomatenmark) zugeben und die Bolognese **15 Min./100°C/↺/Stufe 0.5** garen. Tomatenmark zugeben und **3 Sek./↺/Stufe 3** untermischen. Fertig!

Pro Portion: 404 kcal | 13 g KH | 20 g EW | 28 g Fett

Tipp:

Die Soße eignet sich auch für Nudelaufläufe. Die gekochten Nudeln o. Tortellini mit Bolognese mischen und mit Mozzarella überbacken. Bei 180°C Umluft ca. 15 Min.

Kürbis-Lasagne mit Gorgonzola

Pro Portion: 447 kcal | 56 g KH | 19 g EW | 16 g Fett

8 Portionen

Zutaten

Für die Tomatensoße:

1 Knoblauchzehe
1-2 Schalotten
2 Dosen geschälte Tomaten (à 400 g)
1 TL Salz
1 TL Gemüsebrühpulver
1 Prise Chilipulver
1 EL ital. Kräuter, getr.
50 g Sahne

Für die Béchamelsoße:

30 g Butter
30 g Mehl
600 g Milch, 1,5%
1 gestr. EL Gemüsebrühpulver
¼ TL Muskat, gem.
½ TL Salz
75 g Gorgonzola

Außerdem:

1 kl. Kürbis (z.B. Hokkaido o. Butternut)
etwas Salz
12-15 Lasagneplatten
200 g geriebener Mozzarella

Zubereitung

Kürbis im Ganzen in den Backofen geben und bei 150 °C ca. 30 Min. vorgaren. Danach in kleine Würfel schneiden und mit etwas Salz würzen.

Für die Tomatensoße Knoblauch und Schalotten **5 Sek./Stufe 5** zerkleinern. Restliche Zutaten für die Soße zugeben, **10 Sek./Stufe 5** mixen und anschließend **10 Min./100°C/Stufe 1** kochen. Umfüllen und Mixtopf spülen.

Für die Béchamelsoße Butter im Mixtopf **2 Min./100°C/Stufe 1** schmelzen. Mehl zugeben und **2 Min./100°C/Stufe 1** anschwitzen. Restliche Zutaten (außer Gorgonzola) zugeben und **7 Min./80°C/Stufe 3** erhitzen. Gorgonzola zugeben und **20 Sek./Stufe 3** rühren.

Nun die Lasagne schichten: Auf den Boden der Form etwas Tomatensoße geben und die erste Schicht Nudelplatten. Wieder Tomatensoße und Kürbiswürfel darauf verteilen. Etwas Béchamelsoße darauf geben und wieder Nudeln. So weiterverfahren, bis alle Zutaten verarbeitet wurden. Mit Käse bestreuen und im Backofen bei 180 °C Ober-/Unterhitze ca. 35-40 Min. garen.

5-6 Portionen

Cremige Kürbispasta

Zutaten

500 g	Nudeln nach Wahl
100 g	Pecorino (altern. Parmesan)
2	Knoblauchzehen
200 g	Kürbis (Hokkaido o. Muskatkürbis)
50 g	Butter
250 g	Kochsahne
330 g	Milch, 1,5%
1 TL	Salz
¼ TL	Muskat, gem.
¼ TL	Pfeffer, gem.
½ TL	Thymian, getr.
50 g	geriebener Cheddarkäse

Zubereitung

Nudeln nach Packungsanweisung in reichlich Salzwasser al dente kochen. Pecorino in Stücken in den Mixtopf geben und **8 Sek./Stufe 8** fein reiben. Umfüllen.

Knoblauch und Kürbis in Stücken in den Mixtopf geben und **6 Sek./Stufe 6** zerkleinern. Mit dem Spatel nach unten schieben. Butter zugeben und **6 Min./100°C/Stufe 1** dünsten. Sahne, Milch und Gewürze zugeben und **5 Min./100°C/Stufe 1** aufkochen. Im Anschluss **10 Sek./Stufe 8** pürieren. Pecorino und Cheddar zugeben und noch einmal **2 Min./100°C/Stufe 3** erhitzen.

Gekochte Nudeln gut mit der Soße vermengen. Wer möchte, kann noch etwas Salbei und Thymian darüber streuen.

Pro Portion (5): 681 kcal | 82 g KH | 23 g EW | 28 g Fett

Kürbissorte:
Butternut

Mediterraner Ofenkürbis

Pro Portion: 318 kcal | 25 g KH | 6 g EW | 19 g Fett

4 Portionen

Zutaten

1	Butternutkürbis
etwas	Salz & Pfeffer
½ rote	Paprika
75 g	Mini-Fetawürfel
1	Knoblauchzehe
1 Zweig	Rosmarin, Nadeln davon
4 EL	Olivenöl
1 TL	Honig
1 TL	Thymian, getr.
1 TL	Oregano, getr.

Tipp: Hierzu passt auch sehr gut die Béchamelsoße der Lasagne von Seite 34. Die Milchmenge auf 500 g reduzieren, dann ist die Soße etwas dicker.

Zubereitung

Backofen auf 180 °C Umluft vorheizen. Kürbis der Länge nach halbieren und Kerne entfernen. Kreuzweise einschneiden und mit Salz und Pfeffer kräftig würzen. Auf ein mit Backpapier belegtes Backblech setzen.

Paprika in kleine Würfelchen schneiden und beiseitelegen. Knoblauch und Rosmarinnadeln in den Mixtopf geben und **5 Sek./Stufe 6** hacken. Olivenöl, Honig und Kräuter zugeben und **10 Sek./Stufe 2** vermengen. Die Kürbishälften mit der Marinade bestreichen. In die Mulden Paprika- und Fetawürfel geben. Im vorgeheizten Backofen ca. 45 Min. garen.

Der Kürbis eignet sich als tolle Beilage z. B. zu Fleisch oder Hack. Mit einem gemischten Salat serviert, ist er aber auch ein leckeres vegetarisches Hauptgericht. Man nimmt mit einem Löffel das Kürbisfleisch heraus und die Schale wird nicht mitgegessen.

Kürbissorte:
Spaghettikürbis

2 Portionen

Zutaten

1	Spaghettikürbis
etwas	Olivenöl
etwas	Salz & Pfeffer

Für die Soße:

1	Knoblauchzehe
5-6 Blätter Salbei	
30 g	Butter
1 EL	Mehl
60 g	Frischkäse
150 g	Kochsahne
20 g	Parmesan, gerieben
1 gestr. TL Gemüsebrühpulver	
etwas	Salz & Pfeffer

Zum Überbacken:

etwas Parmesan, gerieben
oder auch anderen Käse
wie z.B. Mozzarella

Zubereitung

Backofen auf 180 °C Umluft vorheizen. Kürbis der Länge nach halbieren und Kerne entfernen. Die Innenseite mit Olivenöl bestreichen und mit Salz und Pfeffer kräftig würzen. Auf ein mit Backpapier belegtes Backblech setzen und im Ofen ca. 45 Min. garen.

Ca. 15 Min. vor Garzeitende Soße zubereiten: Knoblauch und Salbei in den Mixtopf geben und **10 Sek./Stufe 6** hacken. Mit dem Spatel nach unten schieben. Butter zugeben und **2 Min./100°C/Stufe 1** dünsten. Mehl zugeben und **2 Min./100°C/Stufe 1** anschwitzen. Restliche Zutaten für die Soße zugeben und **2-3 Min./90°C/Stufe 3** erhitzen. Sobald das Gerät die **90°C** erreicht hat, Thermomix stoppen.

Wenn der Kürbis gar ist, aus dem Ofen nehmen und mit einer Gabel das Fruchtfleisch herauskratzen. Es entstehen kleine Spaghetti. Diese mit der Soße mischen, wieder in die Kürbishälften geben und mit etwas Parmesan bestreuen. Erneut 10 Min. in den Ofen geben und danach servieren.

Pro Portion: 603 kcal | 36 g KH | 14 g EW | 44 g Fett

Spaghettikürbis mit Salbei-Käsesoße

Kürbissorte:
Baby Boo
Kürbis –
lecker gefüllt
Pro Portion: 395 kcal | 32 g KH | 21 g EW | 20 g Fett

Tipp:
Auch lecker mit Carnival.

5-6 kleine Kürbisse

4 Portionen

Zutaten

5-6	kl. Kürbisse Baby Boo (altern. 2 kl. Hokkaido oder Carnival)
3 Scheiben Toastbrot	
etwas	Öl
100 g	geriebener Käse

Für die Tomatensoße:

1	Knoblauchzehe
1	kl. rote Zwiebel, halbiert
2 Dosen	geschälte Tomaten (à 400 g)
1 TL	Majoran, getr.
1 TL	Thymian, getr.
1 TL	Salz
etwas	Pfeffer

Für die Füllung:

1	Knoblauchzehe
75 g	getr. Tomaten, in Öl
250 g	Ricotta
1	Ei
1 TL	ital. Kräuter
½ TL	Paprikapulver, rosenscharf
2 Pr.	Zimt, gem.
2 EL	Orangensaft
etwas	Pfeffer

Zubereitung

Von den Kürbissen die Deckel abschneiden, Kerne und fasriges Gewebe entfernen. Toastbrot in Würfel schneiden und in einer Pfanne mit etwas Öl anbraten. Backofen auf 180°C Umluft vorheizen.

Für die Tomatensoße alle Zutaten in den Mixtopf geben und **10 Sek./Stufe 7** mixen. Soße in eine Auflaufform gießen. Mixtopf spülen und Füllung zubereiten.

Für die Füllung Knoblauch und getrocknete Tomaten in den Mixtopf geben und **5 Sek./Stufe 6** hacken. Restliche Zutaten für die Füllung zugeben und **10 Sek./Stufe 4** mixen. Brotwürfel zugeben und **2 Sek./Stufe 4** vermengen.

Masse in die Kürbisse füllen und in die Auflaufform setzen. Mit Käse bestreuen, Kürbisdeckel aufsetzen und im vorgeheizten Backofen ca. 50 Min. garen.
Die Schale vom Baby Boo wird nicht mitgegessen.

Kürbissorte:
Hokkaido

4-6 Port.

Zutaten

Für den Teig:

250 g	Weizenmehl, Type 405
130 g	Butter, in Stücken
1 TL	Salz
40 g	Eiswasser

Für den Belag:

150 g	Bergkäse
1	Zwiebel, halbiert
150 g	Hokkaidokürbis
2	Eier
100 g	Sahne
50 g	Milch, 1,5%
1 TL	Salz
¼ TL	Pfeffer, gem.
¼ TL	Muskat, gem.
¼ TL	Rosmarinpulver
4-6	Cocktailtomaten
ein paar	Kürbiskerne

Zubehör:

Quicheform/Tarteform
rechteckig 35 x 13 cm

Zubereitung

Alle Teigzutaten in den Mixtopf geben und **25 Sek./Stufe 4** zu einem Teig vermengen. Teig für ca. 1 Std. in den Kühlschrank stellen. Mixtopf ggf. spülen.

Bergkäse in Stücken in den Mixtopf geben und **15 Sek./Stufe 5** reiben. Umfüllen. Von der Zwiebel und dem Kürbis feine Spalten abschneiden für die Verzierung. Rest im Mixtopf **8 Sek./Stufe 5** zerkleinern. Eier, Sahne, Milch und Gewürze zugeben und **10 Sek./Stufe 5** mixen. Bergkäse zugeben und **3 Sek./Stufe 5** mixen.

Eine Tarteform mit Teig auskleiden und am Boden mit einer Gabel Löcher einstechen. Im vorgeheizten Backofen bei 200°C Ober-/Unterhitze 10 Min. vorbacken.

Masse in die Form geben, glatt streichen und mit halbierten Tomaten, Kürbis- und Zwiebelspalten belegen. Ein paar Kürbiskerne darüber streuen und die Quiche weitere 30-40 Min. backen.

Pro Portion: 318 kcal | 25 g KH | 6 g EW | 19 g Fett

Kürbis-Quiche

Auch lecker mit

SCHWARZWÄLDER SCHINKEN

Kürbissorte:
Hokkaido

Kürbis-Puffer

Tipp:
Wenn die ersten Puffer fertig gebraten sind, können diese im Ofen bei 100°C warm gehalten werden.

Pro Puffer: 100 kcal | 13 g KH | 4 g EW | 3 g Fett

16 Puffer
4 Port.

Zutaten

400 g	Kürbisfleisch (z.B. Hokkaido), in Stücken
1	Apfel, geschält, in Stücken
1	Zwiebel, halbiert
500 g	Kartoffeln, geschält, in Stücken
40 g	kernige Haferflocken
20 g	Kürbiskerne
3	Eier (M)
1 TL	Salz
1 TL	Gemüsebrühpulver
1 Prise	Pfeffer, gem.
½ TL	Paprikapulver
3-4 geh. EL	Weizenmehl, Type 1050*
ggf. 50 g	Cheddarkäse (altern. Bergkäse)

** Für eine glutenfreie Variante Speisestärke statt Mehl verwenden. Haferflocken gibt es auch glutenfrei.*

Zubereitung

Kürbis, Apfel und Zwiebel in den Mixtopf geben und **7 Sek./Stufe 6** zerkleinern. In eine Schüssel umfüllen.

Restliche Zutaten (außer Mehl) in den Mixtopf geben und **7 Sek./Stufe 5** zerkleinern. Masse zum Kürbis in die Schüssel umfüllen und das Mehl mit einem Löffel unterrühren. Wer möchte, kann noch 50 g geriebenen Cheddar oder Bergkäse dazugeben.

Eine beschichtete Pfanne mit reichlich Öl erhitzen. Pro Puffer 1-2 EL der Masse in die Pfanne geben und etwas platt drücken. Bei mittlerer Hitze je Seite 2 -3 Min. anbraten.

Dazu servieren Sie Kräuterquark. Nach Belieben diesen mit Kürbiskernöl und Kürbiskernen verfeinern.

Lecker dazu:
KRÄUTERQUARK

Käsekürbis für zwei

Zutaten

1	kl. Kürbis
etwas	Salz & Pfeffer
etwas	Olivenöl
1 P.	Ofenkäse (320 g)
1	Feige
etwas	Rosmarinnadeln
etwas	frischer Thymian
etwas	Kürbiskerne
etwas	Balsamicocreme
etwas	Paprikapulver, rosenscharf

Zubereitung

Vom Kürbis den Deckel abschneiden und Kerne entfernen. Mit Olivenöl auspinseln und mit Salz und Pfeffer würzen. Im vorgeheizten Backofen bei 180 °C Umluft 20 Min. vorgaren. In dieser Zeit vom Ofenkäse die Rinde abschneiden. Käse in den Kürbis drücken und im Ofen weitere 15 Min. garen. Aus dem Ofen nehmen, mit Salz, Pfeffer und Paprikapulver noch mal würzen und mit restlichen Zutaten garniert servieren. Die Schale wird nicht mitgegessen.

Pro Portion: 696 kcal | 25 g KH | 34 g EW | 54 g Fett

Mix
Genuss
von Manuela & Joelle
Rezepte mit Herz
Food Blog
Süßes
GEBÄCK
Locker & lecker aus dem Thermomix
TM31
TM5

Weitere Rezepthefte sowie unseren praktischen Sammelordner finden Sie in unserem Onlineshop: **www.MixGenuss.de**

Impressum

2. Auflage - November 2016

C. T. Wild Verlag & Handel GmbH
Saueracker 7
D-93309 Kelheim
Tel. 09441/703772-0
Email: info@mixgenuss.de
www.mixgenuss.de

ISBN-Nr. 978-3-943807-91-2

Autoren: Manuela Herzfeld, Joelle Herzfeld
Gestaltung & Layout: Eva Gruber

Fotos: © Manuela Herzfeld, © Joelle Herzfeld
Fotos von fotolia.com: © iko, © Denys Prykhodov, © mpfphotography, © magdal3na, © colors0613, © Iveta Angelova, © orangeberry

Druck & Bindung:
Bonitasprint GmbH, 92224 Amberg

Die Nährwertberechnung erfolgte nach dem Bundeslebensmittelschlüssel, sowie den Packungsangaben der Hersteller.

Abkürzungen & Rezeptinfos:

B.	= Becher
Bd.	= Bund
EL	= Esslöffel
g	= Gramm
geh.	= gehäuft
gem.	= gemahlen
gestr.	= gestrichen
getr.	= getrocknet
gr.	= groß
kg	= Kilogramm
kl.	= klein
↺	= Linkslauf
↺̸	= Linkslauf herausnehmen
MB	= Messbecher
Msp.	= Messerspitze
Min.	= Minuten
P.	= Päckchen/Packung
Sek.	= Sekunden
Spr.	= Spritzer
St.	= Stück
TL	= Teelöffel
TK	= tiefgekühlt

Alle Rezepte können sowohl im TM5 als auch im TM31 zubereitet werden. Abweichende Angaben finden Sie ggf. in Klammern.